Ich weiß
jetzt wie
3

Unsere kleine Schwester
Nina

Das Kindersachbuch zum Thema
Stillen, Zahnen, Beikost
und Babys erstes Jahr

Text: Regina Masaracchia & Ute Taschner
Illustrationen: Regina Masaracchia

edition
riedenburg

Bibliografische Information der Deutschen Nationalbibliothek
Die Deutsche Nationalbibliothek verzeichnet diese Publikation in der Deutschen Nationalbibliografie;
detaillierte bibliografische Daten sind im Internet über http://dnb.d-nb.de abrufbar.

2. Auflage   November 2012
© 2008–2012   edition riedenburg
Verlagsanschrift   Anton-Hochmuth-Straße 8, 5020 Salzburg, Österreich
Internet   www.editionriedenburg.at
E-Mail   verlag@editionriedenburg.at

Lektorat   Dr. phil. Heike Wolter
Satz und Layout   edition riedenburg
Herstellung   Books on Demand GmbH, Norderstedt

ISBN 978-3-9502357-7-7

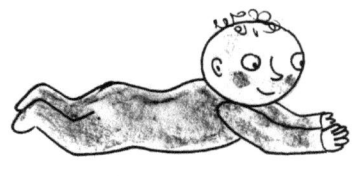 # Inhalt

Ein neues Baby in der Familie

Paul und Sophie haben eine kleine Schwester bekommen. Sie heißt Nina und ist noch winzig klein. Die Ankunft des neuen Babys bringt für alle große Veränderungen.

So toll, wie sich Paul das Leben mit dem Baby vorgestellt hatte, ist es zuerst gar nicht. Mama ist oft müde und scheint nur noch mit Nina beschäftigt zu sein. Auch Sophie ist nicht nur froh, sondern möchte genau dann ihre Mama für sich haben, wenn die gerade das Baby stillt. Aber Mama, Papa und Hebamme Andrea haben gute Ideen, bitten Freunde und Verwandte um Hilfe und organisieren das Familienleben mit einem kleinen Baby. So kommt jeder zu seinem Recht und Nina entwickelt sich dabei prächtig. Paul und Sophie verfolgen staunend, wie Nina beginnt zu lachen, ihre ersten Zähnchen bekommt und schon bald am Familientisch mitessen möchte. Sie entdecken, welche Spiele Nina gerne mag und feiern Ninas ersten Geburtstag im Zoo.

Unser Sachbuch ist sowohl für kleine Kinder geeignet, die sich die Bilder anschauen möchten, als auch für größere, die schon den Text verstehen. Aber auch die Erwachsenen kommen nicht zu kurz, denn es gibt ein ein ausführliches Glossar und einen Kontaktadressenteil.

Viel Spaß beim Anschauen und Lesen
wünschen die Autorinnen
Regina Masaracchia & Ute Taschner

Hallo!

Ich heiße Paul, bin sieben Jahre alt und gehe in die erste Klasse. Am liebsten spiele ich Fußball und auch ab und zu mit meinen kleinen Schwestern.

Sophie ist zwei Jahre alt und hängt immer an Mamas Rockzipfel. Das darf sie aber, denn schließlich ist sie ja viel kleiner als ich. Und dann gibt es noch Nina, meine jüngste Schwester. Sie ist vor drei Tagen geboren worden.

Meine Eltern heißen Ellen und Robert und ich finde, sie sind ganz tolle Eltern!

Oma Hilde ist Papas Mutter. Sie ist schon ziemlich alt, aber dafür umso lustiger. Ich mag es, wenn sie mit uns spielt und uns Geschichten erzählt. Das macht großen Spaß! Seit Nina auf der Welt ist, hilft unsere Oma der Mama öfter beim Kochen und bei der Hausarbeit, denn so ein kleines Baby ist ziemlich anstrengend!

Unsere kleine Nina ist total süß. Alles an ihr ist noch winzig klein: ihre Ohren, das Näschen, die Hände und die Füße. Und wenn sie gähnt, reißt sie ihren Mund gaaanz weit auf.

ෆ Das sind wir ෨

Papa   Mama   Oma
Robert   Ellen   Hilde

Paul   Nina   Sophie

Nina wurde bei uns zu Hause im Schlafzimmer geboren. Mamas **Hebamme** Andrea war dabei und unser Papa auch. Er hat sich mit Mamas Schwester, Tante Isa, abgewechselt, um bei der Geburt Mamas Rücken zu massieren.

Oma war auch da und ist bei mir und Sophie geblieben. Weil Nina nachts geboren wurde, haben wir ihre Geburt verschlafen.

Erst am nächsten Morgen haben wir sie zum ersten Mal gesehen. Nina hat in Mamas Arm gelegen und geschlafen. Als sie dann wach war, wollte sie an Mamas Brust. Danach ist sie wieder eingeschlafen.

So hat sie fast den ganzen ersten Tag nach ihrer Geburt verbracht.

Heute sitzt Mama schon die ganze Zeit in dem kleinen Sessel im Wohnzimmer und hält Nina im Arm. Ich nenne den Sessel immer ‚Stillsessel‘, weil mir Mama einmal erzählt hat, dass sie schon mich und Sophie darin gestillt hat.

Mama ist gerade sehr müde und schläft fast ein, denn Nina war heute Nacht sehr unruhig und wollte dauernd an Mamas Brust trinken.

a) Wie nennt Paul den Sessel, in dem Mama sitzt?

_____

b) Warum ist Mama so müde?

_____

Gerade hat es an der Tür geklingelt. Ich will mal sehen, wer da ist.

Oh, wie schön! Andrea, Mamas Hebamme, kommt vorbei. Ich mache ihr die Tür auf.

"Hallo Andrea, toll, dass Du kommst! Ich muss Dich unbedingt etwas fragen!"

„Hallo, Paul! Na, wie geht's Euch?" Andrea stellt ihre Hebammentasche ab und setzt sich neben Mama auf einen Stuhl. Sie hat immer sehr viel Zeit für Mama und Nina.

Doch jetzt bin ich erstmal an der Reihe. Vielleicht kann mir Andrea ja sagen, warum Nina so oft an Mamas Brust trinken möchte? Schließlich ist Mama deshalb so müde und kann nicht mit uns spielen.

„Weißt Du, Paul,", sagt Andrea „Nina hat einen ganz klitzekleinen Magen. Sie wächst sehr schnell und braucht deshalb auch viel Muttermilch. Je öfter ein Baby bei seiner Mutter stillt, desto mehr Milch bildet die Brust für das Baby. So wird Nina immer satt."

„Hm, das klingt logisch.", denke ich mir.

„Am besten ist es, wenn Eure Mama sich in den ersten Tagen ganz viel ausruhen kann und immer dann ein bisschen schläft, wenn Nina das auch tut."

Das gefällt mir aber nun gar nicht, denn Nina schläft ja eigentlich dauernd.

a) Warum muss Nina so oft gestillt werden?

_____

b) Was empfiehlt Andrea?

_____

„Oma ist doch noch da und hilft Euch ein bisschen, oder?", fragt Andrea. Offenbar hat sie mein Stirnrunzeln bemerkt.

„Ja, sie kocht gerade mit Papa das Essen.", antworte ich.

„Essen!", kreischt Sophie plötzlich und kommt angerannt, um auch gestillt zu werden. Nun trinken zwei Kinder an Mamas Brust und sehen dabei sehr glücklich und zufrieden aus.

Nina ist jetzt schon sechs Tage alt.

Mama sagt, dass wir heute mit ihr zum Kinderarzt gehen und zieht Sophie an. Dann bindet sie sich das **Tragetuch** um und legt Nina hinein.

Das Tragetuch ist besonders praktisch, weil wir mit der U-Bahn fahren wollen. Mit einem Kinderwagen müssten wir immer so lange an der Treppe warten, bis uns jemand hilft.

Die Untersuchung beim Kinderarzt heißt **Vorsorgeuntersuchung**. Mama hat uns erzählt, dass Andrea die kleine Nina gleich nach der Geburt noch auf Mamas Bauch genau angeschaut hat. Doch nun folgt eine größere Untersuchung beim Kinderarzt, um zu sehen, ob Nina auch wirklich ganz gesund ist.

a) Wie kommt Nina zum Kinderarzt?

_____

b) Warum wird Nina zum Kinderarzt gebracht?

_____

Unser Kinderarzt heißt Doktor Wölki, und er ist genauso nett, wie er aussieht. Doktor Wölki macht alle möglichen Tricks und Kunststücke mit Nina.

Sie soll seinen Daumen greifen, dann wird sie auf den Bauch gelegt und er streicht über ihren Rücken. Zum Schluss hält er Nina aufrecht unter den Achseln fest und sie bewegt ihre Beinchen, als würde sie schon laufen. Jetzt möchte Doktor Wölki noch hören, wie Ninas Herz schlägt. Dazu benutzt er ein **Stethoskop** und wir müssen jetzt ganz leise sein. Dann hört er auch auf Ninas Bauch.

Am Ende sagt er: „Nina ist kerngesund und hat gut zugenommen!"

Nach dem Besuch beim Kinderarzt gehen wir noch ein bisschen spazieren und essen zusammen Eis. „Oh je! Sophie, wie siehst Du denn aus?" Mama schaut Sophie an, die sich über und über mit Eiscreme bekleckert hat und wir müssen lachen. Aber zum Glück hat Mama beide Hände frei und kann Sophie beim Saubermachen helfen. Nina ist inzwischen eingeschlafen. Ich höre es am leisen Brummen, das aus dem Tragetuch kommt. Haha! Nina ist noch so klein, aber sie kann schnarchen wie ein großer Bär!

brr grr
brr grr

Seit Andrea das letzte Mal da war, legt sich Mama zum Stillen häufig auf das Bett. Mama sagt, dass sie sich so besser ausruhen kann. Naja, meistens jedenfalls, denn Sophie kommt auch oft angelaufen, wenn Nina von Mama gestillt wird. Ist sie vielleicht eifersüchtig?

a) Womit hört Kinderarzt Doktor Wölki auf Ninas Herz?

_____

b) Was ist mit Sophie passiert?

_____

„Warum will Sophie denn an die Brust, wenn Du Nina gerade stillst?", frage ich Mama.

Mama erklärt: „Sophie ist ja auch noch klein, obwohl sie neben Nina groß aussieht. Auch Sophie möchte gern bei mir sein, schmusen und kuscheln. Paul, magst du vielleicht ein bisschen mit Sophie spielen?"

Ich nicke und krabble mit meiner kleinen Schwester in die Spielecke. Sophie und ich bauen einen Turm aus Bauklötzen und einen Tunnel, durch den Autos fahren können.

Manchmal setzen Sophie und ich uns auch zu Mama, knabbern Apfelstückchen oder Reiswaffeln und Mama streichelt uns, während sie Nina stillt. Oder sie liest uns ein Buch vor. So sind auch wir ganz nah bei Mama, und alle bekommen etwas zu essen.

Mama geht heute zur **Rückbildungsgymnastik**. Oma ist da und passt auf uns auf. „Oma, was ist, wenn Nina jetzt Hunger hat?", frage ich. „Keine Sorge, Paul.", sagt Oma. „Dann nehme ich die Milch Deiner Mama, die sie vorhin ausgedrückt hat, aus dem Kühlschrank und füttere sie Nina in einem kleinen Becher."

„Kann Nina denn schon aus einem Becher trinken?", wundere ich mich. „Ja, sie leckt die Milch aus dem Becher wie ein kleines Kätzchen. Deine Mama bleibt ja nicht lange fort und die Menge reicht, um die kurze Zeit zu überbrücken."

a) Was möchte Sophie, wenn Nina gestillt wird?

_____

b) Was macht Oma, wenn Nina Hunger bekommt?

_____

Heute Morgen habe ich schlechte Laune. Alles ist schief gegangen!

Erst hat Sophie mein Feuerwehrauto kaputt gemacht und dann ist mir beim Frühstück auch noch mein Milchglas umgekippt und zerbrochen. Das gab eine riesige Überschwemmung und ich habe vor Wut geheult.

Weil Mama Nina gerade gewindelt hat, konnte sie mir nicht einmal beim Aufwischen helfen.

So was Doofes! Muss denn Mama wirklich den ganzen Tag mit Nina beschäftigt sein? War es wirklich so eine gute Idee, noch ein Baby zu bekommen?

„Ich will Dich auch mal für mich alleine haben, Mama!", rufe ich beleidigt.

Mama schaut mich etwas genervt an, doch dann hat sie eine Idee. „Du hast Recht, Paul! Niemand hat richtig Zeit für Dich. Wollen wir Anna anrufen und sie fragen, ob sie mit Nina und Sophie spazieren gehen möchte? Dann können wir zusammen spielen. Nur wir beide: Du und ich, okay?"

Ich nicke begeistert. Anna ist meine große Cousine. Sie wohnt in der Nähe und kommt manchmal zum Aufpassen, wenn Mama und Papa abends weggehen wollen.

a) Warum ist Paul so sauer?

_____

b) Welche Idee hat Mama?

_____

Wenig später ist Anna da und geht mit Nina und Sophie spazieren. Ich baue mit Mama eine Ritterburg und wir kochen meinen Lieblingsschokoladenpudding. Ist das toll!

Als Papa abends nach Hause kommt, erzähle ich ihm von meinem ‚Mama-Vormittag'.

„Hey, das war eine gute Idee!", meint Papa. „Und morgen gehen wir beide zusammen Fußball spielen, in Ordnung?"

„Na, klar!", antworte ich und freue mich schon jetzt darauf.

Am Freitag kommt Tante Doris zu Besuch. Das ist die Schwester von Papa. Sie hat Mama einen leckeren Apfelkuchen gebacken und für jedes Kind ein kleines Geschenk mitgebracht. „Damit niemand eifersüchtig ist!", sagt sie.

„Gut, dass sie auch an uns gedacht hat.", denke ich und möchte am liebsten, dass sie noch ganz lange hier bleibt.

Gegen Abend wird es, wie meistens, etwas turbulent bei uns. Nina weint und möchte ganz oft bei Mama trinken.

a) Was verspricht Pauls Papa?

_____

b) Was bringt Tante Doris mit?

_____

„Ellen, Du stillst jetzt schon ganze zwei Stunden fast ununterbrochen", stellt Tante Doris verwundert fest. „Vielleicht reicht Deine Milch ja nicht aus?"

Mama schmunzelt und antwortet: „Keine Sorge, Doris, es ist ganz normal, dass kleine Babys am Abend ganz oft gestillt werden wollen. In ein paar Wochen ist das wieder vorüber. Ich kenne das schon von Paul und Sophie."

Papa nickt und bindet sich die Küchenschürze um.

„Gut, dass Du kochst, Robert!", ruft Tante Doris. „Nicht nur Nina hat Hunger, sondern auch wir! Paul und Sophie, kommt schnell her und helft mir den Tisch zu decken, damit wir zusammen essen können!"

Wir spielen ‚Tischlein deck dich', und der Abend mit Tante Doris ist noch sehr lustig.

Mama geht nach dem Abendbrot ins Schlafzimmer und stillt Nina, bis sie eingeschlafen ist.

Nachdem Tante Doris nach Hause gegangen ist, gehen auch wir ins Bett.

Nina, Mama, Papa, Sophie und ich schlafen zusammen im Schlafzimmer. Das ist super gemütlich. Ich kuschle mich an Papa und wärme meine kalten Füße an seinen warmen.

a) Worüber wundert sich Tante Doris?

_____

b) Was antwortet Mama?

_____

Seit Nina da ist, schläft Mama mit ihr auf einer Matratze neben dem Bett. So kann Nina nachts gestillt werden und fällt dabei nicht aus dem Bett.

Sophie schläft auf der anderen Seite von Mama, weil sie nachts auch ab und zu stillen möchte. Doch manchmal krabbelt sie zu Papa und mir ins Bett und es wird dann etwas eng.

Ich denke, dass ich deshalb vielleicht bald zum Schlafen ins Kinderzimmer umziehen werde, denn jetzt bin ich ja schon groß und kann ganz gut alleine schlafen.

Ich habe Euch ja vor einiger Zeit von unserer kleinen Nina erzählt. Inzwischen sind fünf Monate vergangen!

Nina schläft nicht mehr so viel, und wenn ich mit ihr spiele, lacht sie mich an.

Ratet mal, was ich dabei neulich in Ninas Mund entdeckt habe? Ihren ersten Zahn! Vielleicht hat sie deshalb in den letzten Tagen etwas Fieber gehabt und manchmal geweint? Mama und Papa haben mir erklärt, dass es für ein Baby unangenehm sein kann, wenn die Zähne kommen.

Kein Wunder, dass Nina dauernd bei Mama nuckeln wollte!

a) Welchen Plan hat Paul?

_____

b) Was hat Paul neulich in Ninas Mund entdeckt?

_____

„Tut Dir das Stillen mit Ninas Zahn jetzt weh?", frage ich Mama.

„Nein, es tut nicht weh, aber falls sie ihre Zähnchen ausprobieren möchte und mich beißt, dann sage ich Nina, dass mir das wehtut und nehme sie von der Brust."

„Versteht sie das denn?", frage ich verwundert.

„Na klar!", antwortet Mama. „Babys verstehen mehr, als man denkt."

"Und muss Nina jetzt schon **Zähne putzen** so wie wir?", will ich wissen.

„Wer Zähne hat, muss sie auch putzen. Bei Nina reicht eine kleine Lernzahnbürste oder ein Wattestäbchen."

Nina schaut jetzt ein bisschen aus wie ein kleiner Hamster, sie hat richtig dicke Bäckchen bekommen. Mama sagt, das kommt vom vielen Stillen.

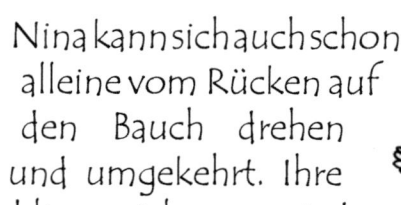

Nina kann sich auch schon alleine vom Rücken auf den Bauch drehen und umgekehrt. Ihre Lieblingsspielzeuge sind eine lila Rassel und mein grünes Holzauto.

Vielleicht kann ich Nina ja erklären, dass sie lieber Sophies rotes Holzauto zum Spielen nehmen soll?

a) Sollen Babys schon ihre Zähne putzen?

_____

b) Was sind die Lieblingsspielzeuge von Nina?

_____

Als ich heute von der Schule nach Hause kam, hatte Mama Fieber. Sie war ganz blass und ihre linke Brust tat ihr sehr weh. Oje, was wird dann aus Ninas Milch?

Weil Mamas Hebamme Andrea Urlaub hat, ruft Mama eine Frau mit dem komischen Namen **Laktationsberaterin** an. Diese verspricht Mama, gleich am Nachmittag vorbeizukommen und nach ihr zu sehen. Wie so eine Laktationsberaterin wohl aussieht?

Am Nachmittag klingelt es an der Tür und eine nette Frau, die Corinne heißt, stellt sich vor. Sie schaut sich Mamas linke Brust an, die auf einer Seite rot ist. Mama erzählt, dass weder Nina noch Sophie in der Nacht zum Stillen aufgewacht sind. Auch am Vormittag war Nina sehr müde und Sophie wollte lieber Früchtetee trinken.

„Ich verstehe,", sagt Corinne. „Sie haben einen **Milchstau**. Das kann zum Beispiel passieren, wenn das Baby durchschläft. Die Brust wird dann nicht leer getrunken und die Milch bleibt in der Brust und staut sich dort. Das tut meist sehr weh. Am besten ist es, wenn Sie Nina jetzt ganz häufig anlegen und die Brust vor dem Stillen wärmen, damit die Milch besser fließt. Das klappt gut mit einem Dinkel- oder Kirschkernkissen, das man in der Mikrowelle oder im Backofen erwärmt. Nach dem Stillen können Sie die Brust kühlen, wenn Ihnen das angenehm ist, zum Beispiel mit einem **Quarkwickel**."

Mama ist froh, dass ihr Corinne so rasch geholfen hat. Corinne und ich machen einen Quarkwickel, damit es Mama schnell wieder besser geht.

a) Warum hat Mama Schmerzen an der Brust?

_____

b) Was schlägt Corinne vor?

_____

Juhu! Endlich ist der Sommer da. Sophie und ich schwitzen und haben großen Durst.

„Mama, muss Nina jetzt nicht extra viel Wasser trinken, so wie wir?", möchte ich von Mama wissen.

„Vielleicht hast Du schon bemerkt, dass Nina öfter gestillt werden möchte, wenn es so heiß ist.", meint Mama. „Muttermilch besteht nämlich aus ganz viel Wasser und stillt den Durst des Babys am besten."

„Gut, dass Du Ninas Essen und Trinken immer dabei hast.", sage ich und bin fast ein bisschen traurig, dass ich nicht mit Nina tauschen kann. Denn gestern, beim Wanderausflug in die Berge, musste ich meinen Rucksack voller Essen und Trinken ganz alleine tragen!

Zum Mittagessen sind wir in ein kleines Gasthaus gegangen, und da ist etwas Lustiges passiert: Nina wurde erst von Mama gestillt und saß dann auf ihrem Schoß. Plötzlich hat sie aufgeregt gekreischt und mit ihren kleinen, dicken Patschehändchen nach dem Essen auf dem Teller gegrabscht.

Mama hat nur gemeint: „Nun ist es wohl so weit! Nina ist jetzt fast sieben Monate alt und möchte bei uns mitessen."

Sie hat dann mit dem Messer ein Stückchen Kartoffel abgeschnitten und es Nina gegeben.

a) Muss Nina bei Hitze zusätzlich Wasser trinken?

_____

b) Was tut Nina auf Mamas Schoß?

_____

Erst hat Nina sehr interessiert Kartoffelkrümel daraus geknetet, aber dann hat sie sich die Krümel in den Mund gesteckt und ein lustiges Gesicht gemacht. Sie hat richtig laut geschmatzt und gesabbert. Ich glaube, es hat ihr geschmeckt!

Seit dem Wanderausflug isst Nina gemeinsam mit uns am Tisch und hat sogar ihren eigenen Teller. Mamas süße Milch bekommt sie aber immer noch. So lange und so oft sie will. Hat sie es gut!

Heute Nachmittag ist es wieder sehr warm und ich war zusammen mit meinem Freund Max und seiner Mutter im Freibad. Jetzt haben wir großen Hunger und Mama hat uns alle zusammen zum Kuchenessen eingeladen.

 Wenn Menschen, die Nina nicht so gut kennt, in unser Haus kommen, krabbelt Nina immer hinter Mamas Beine oder unter den Tisch. Sie will auch nicht von fremden Leuten auf den Arm genommen werden, sonst fängt sie an zu weinen und hört erst wieder auf, wenn Mama oder Papa sie herumtragen.

„Das nennt man **Fremdeln**.", hat mir Papa erklärt.

Nina sitzt auf Mamas Schoß und versteckt sich unter ihrem Arm. Während wir essen, zeige ich Max, wie man Nina zum Lachen bringen kann. Ich verstecke mein Gesicht hinter einem bunten Tuch, schaue plötzlich hervor und rufe laut „Guckguck!".

a) Was isst Nina?

_____

b) Was passiert, wenn ein Fremder Nina zu nahe kommt?

_____

Nina lacht die ganze Zeit und ist überglücklich. Wir lachen mit.

Doch jetzt hat sich Nina ein Spiel ausgedacht. Sie öffnet die untere Tür vom Küchenschrank und nimmt einen Kochtopf heraus. Den Deckel lässt sie auf den Boden fallen und lauscht gespannt.

Dann räumt Nina das ganze Fach aus und nimmt jeden Gegenstand erst einmal in den Mund.

Wie gut, dass Mama und Papa die ganzen unzerbrechlichen Gegenstände unten in die Schränke geräumt haben. So kann Nina nach Herzenslust alles ausräumen und nichts geht kaputt.

Heute ist Ninas erster Geburtstag und wir gehen alle in den Zoo und dort auf den Spielplatz. Oma ist auch dabei und schiebt den Kinderwagen, wo die Picknicktasche drin ist. Sophie und ich gehen rutschen und schaukeln. „Huhu!" Von der Rutsche aus sehe ich, wie Papa mit Nina zum Klettergerüst geht, wo sie sich ganz alleine hochzieht und steht.

„Mama, schau mal! Nina steht auf ihren Füßen!", rufe ich begeistert.

Nina lässt sich wieder in den Sand plumpsen und lacht. Sie krabbelt umher, blickt aber immer wieder um sich, um sicher zu sein, dass alle noch da sind. Als Nina aufstehen will, stößt sie sich ihren Kopf am Klettergerüst an und fängt an zu weinen.

a) Womit spielt Nina gerne?

_____

b) Wohin geht die Familie an Ninas erstem Geburtstag?

_____

Nina will sofort zu Mama, um gestillt zu werden. Nach kurzer Zeit ist sie wieder glücklich.

Ich frage mich, ob Stillen wirklich gegen Schmerzen hilft, wie Papa mir letztens erklärt hat. „Mama, wann hörst Du eigentlich damit auf, Sophie und Nina zu stillen?"

„Weißt Du, Paul, dass passiert irgendwann von ganz allein, wenn ein Kind alt genug ist."

„Aha, so einfach ist das also.", denke ich und renne wieder zur Rutsche.

„Los, Sophie, komm mit, wir rutschen zusammen!"

Wieder zu Hause spielen Nina, Sophie und ich zusammen im Kinderzimmer. „Kinder, kommt! Der Kuchen ist fertig! Wir wollen Ninas ersten Geburtstag feiern!", ruft Mama.

Gemeinsam singen wir für Nina ein Geburtstagslied und essen von ihrer leckeren Torte.

„Fröhlichen Geburtstag,
kleine Nina!"

a) Was hilft am besten, wenn Nina sich wehgetan hat?

_____

b) Wie lange wird Nina noch gestillt?

_____

Auflösung der Fragen

9a) Stillsessel

9b) Mama ist so müde, weil Nina die ganze Nacht an der Brust getrunken hat.

11a) Weil Nina noch einen ganz kleinen Magen hat, muss sie oft trinken und daher auch oft gestillt werden.

11b) Mama soll im Liegen stillen und sich ausruhen, wenn Nina schläft.

13a) Nina wird von Mama im Tragetuch zum Kinderarzt getragen.

13b) Der Kinderarzt macht eine Untersuchung, um zu sehen, ob Nina ganz gesund ist.

15a) Mit einem Stethoskop.

15b) Sophie hat mit ihrem Eis gekleckert.

17a) Sophie möchte auch gern gestillt werden, wenn Nina an Mamas Brust trinkt.

17b) Oma gibt Nina die Milch, die Mama vorher aus Ihrer Brust ausgedrückt hat, in einem kleinen Becher. So kann Nina die Milch wie ein Kätzchen aus dem Becher schlecken.

19a) Paul ist sauer, weil Sophie sein Feuerwehrauto kaputt gemacht hat und weil sein Milchglas zerbrochen ist und eine Überschwemmung verursacht hat. Außerdem möchte Paul seine Mama ein bisschen mehr für sich haben. Er ist zwar schon groß, aber trotzdem findet er es doof, wenn Mama andauernd mit dem Baby beschäftigt ist.

19b) Mama organisiert eine Betreuung für Sophie und Nina, um mit Paul alleine spielen zu können.

21a) Papa verspricht, dass er mit Paul Fußballspielen geht.

21b) Tante Doris hat für Mama einen Kuchen gebacken und bringt für jedes Kind ein kleines Geschenk mit.

23a) Tante Doris wundert sich darüber, dass Mama Nina am Abend so lange stillt.

23b) Mama antwortet, dass das bei kleinen Babys ganz normal ist, aber nicht mehr lange dauert.

25a) Paul plant, demnächst zum Schlafen ins Kinderzimmer umzuziehen.
25b) Paul hat einen Zahn in Ninas Mund entdeckt.

27a) Babys können natürlich noch keine Zähne putzen, aber sie können auf einer Lern-zahnbürste herumkauen und sich so spielerisch an die Zahnpflege gewöhnen. Zu-sätzlich können Mama oder Papa die Babyzähne mit einem Wattestäbchen vorsich-tig reinigen.
27b) Nina spielt am liebsten mit einer lila Rassel und mit dem grünen Holzauto von Paul.

29a) Mama hat Schmerzen, weil Nina und Sophie ganz lange nicht an der Brust getrun-ken haben und die Milch in der Brust geblieben ist.
29b) Corinne schlägt vor, dass Nina so oft wie möglich Milch bei Mama trinkt und Mama die Brust vor dem Stillen erwärmt. Nach dem Stillen kann ein kühlender Quarkwi-ckel angenehm sein.

31a) Nein, Nina braucht kein Wasser zu trinken. Sie trinkt einfach so oft sie mag bei ihrer Mama.
31b) Nina möchte gern etwas vom Essen der Familie abbekommen.

33a) Nina isst ein bisschen Kartoffel.
33b) Nina fängt dann an zu weinen.

35a) Nina spielt gerne mit Kochtöpfen und Deckeln.
35b) Alle gehen gemeinsam in den Zoo.

37a) Wenn Nina sich wehgetan hat, dann hilft es ihr, wenn sie ein bisschen stillt.
37b) Nina wird so lange gestillt, bis sie von selbst nicht mehr mag.

Nützliche Tipps

Das gelbe, schläfrige Baby: Die meisten Neugeborenen entwickeln durch normale Umstellungsprozesse nach der Geburt eine Neugeborenengelbsucht. Diese entsteht durch die Einlagerung des so genannten Gallenfarbstoffs (Bilirubin) in die Haut. Die Ausscheidung des Bilirubins erfolgt über den Darm. Wird ein Baby bereits ab dem ersten Lebenstag häufig und bei den ersten Stillzeichen (siehe Nützliche Tipps) angelegt, so werden seine Verdauung und damit auch die Bilirubinausscheidung angeregt und die Gelbsucht vermindert. Auch Tageslicht (Baby am Fester schlafen lassen.) hilft dabei, das in der Haut eingelagerte Bilirubin abzubauen. Babys, die sehr gelb sind, sind zumeist auch schläfrig und schwieriger zu stillen. Es ist daher besonders wichtig, ein gelbes Baby über eine gewisse Zeit häufig (alle zwei Stunden) zu wecken und anzulegen. Wenn das Baby zusätzlich zum Abbau des Bilirubins unter einer UV-Lampe liegen muss, sollte es trotzdem gestillt werden oder ausgedrückte bzw. abgepumpte Muttermilch (Kolostrum), möglichst mit einem Löffel oder Becher, zugefüttert bekommen. Die Gabe von Tee fördert die Ausscheidung von Bilirubin nicht.

Stillzeichen: Bewegt das Baby suchend den Kopf hin und her, schmatzt es, leckt es seine Lippen und führt es seine Finger zum Mund, dann ist es zum Stillen bereit. Das sind die so genannten ersten Stillzeichen. Wartet man länger, fängt das Baby an, seine Stirn zu runzeln, Arme und Beine zu überkreuzen und die Fäuste zu ballen. Als letztes Stillzeichen kommt das Schreien hinzu, entspanntes Anlegen ist dann aber nur noch schwer möglich.

Wunde Brustwarzen / Schmerzen beim Stillen: Empfindliche Brustwarzen sind in den ersten Tagen nach der Geburt normal. Ist das Baby korrekt angelegt, sollten die Schmerzen nachlassen, sobald die Milch während der Mahlzeit zu fließen beginnt. Erfasst das Baby die Brust (noch) nicht korrekt, so übt es zusätzlichen Druck auf das empfindliche Gewebe aus. Wunde Brustwarzen und Schmerzen beim Stillen sind leider die weit verbreitete Folge. Deshalb muss zuallererst darauf geachtet werden, dass das Baby korrekt angelegt ist. Schmerzt das Stillen weiterhin oder ist das Baby noch nicht gut angelegt, kann der Saugschluss mit dem Finger vorsichtig unterbrochen und das Anlegen wiederholt werden. Häufige, kürzere Stillmahlzeiten in unterschiedlichen Anlegepositionen beschleunigen die Abheilung wunder Brustwarzen, denn so werden verschiedene Bereiche der Brustwarze beansprucht. Das Auslösen des Milchspendereflexes auf der weniger schmerzhaften Seite kann das Stillen angenehmer gestalten. Eine Stillpause ist meist nicht erforderlich. Sollten die Schmerzen unerträglich sein, kann die Mutter vorübergehend Milch aus der Brust ausdrücken, ohne dabei die Brustwarzen zu berühren, und dem Kind mit einem Löffel oder Becher zu geben. Mit etwas Übung ist diese Methode der Milchgewinnung auch später immer wieder nützlich und jederzeit und überall ohne Hilfsmittel durchführbar. Zur Behandlung verletzter oder stark schmerzender Brustwarzen kann die Mutter ihre Milch auf der Brustwarze verteilen und diese antrocknen lassen oder die Brustwarze mit reichlich reinem Lanolin pflegen. Feuchte Wundheilung ist zu empfehlen, damit sich keine Schorfkrusten bilden, die beim nächsten Stillen wieder schmerzhaft aufreißen können. Händehygiene ist oberstes Gebot, um keine Keime auf die Wunde zu übertragen. Normalerweise verheilen wunde Brustwarzen, nachdem die Ursache beseitigt ist, innerhalb weniger Tage. Halten die Beschwerden über längere Zeit an, bestehen sehr starke Schmerzen oder sogar blutende Brustwarzen, ist das nicht normal und es sollte so rasch wie möglich eine examinierte Stillfachfrau oder erfahrene Hebamme zu Rate gezogen werden. Auch sehr starke Schmerzen beim Stillen gehen nach einiger Zeit vorüber und dann ist das Stillen für Mutter und Kind eine sehr erfüllende Erfahrung.

Saugschwierigkeiten / Anlegeschwierigkeiten: Weint ein Baby an der Brust oder lässt es sich nur schwer anlegen, so bedeutet das nicht, dass es nicht gestillt werden möchte oder seine Mutter ablehnt. Es braucht einfach etwas mehr Hilfe. Wenn sich das Problem nicht rasch auflöst, ist es gut, so früh wie möglich die Beratung einer examinierten Stillfachfrau oder einer erfahrenen Hebamme in Anspruch zu nehmen. Saug- und Anlegeprobleme können dann auftreten, wenn das Baby bereits frühzeitig einen Schnuller oder künstlichen Sauger (Flaschenfütterung) erhalten hat. Im Unterschied zur Brust sind künstliche Sauger härter und erfordern eine andere Saug- und Trinktechnik. Manche Babys reagieren darauf mit einer Saugverwirrung. Daher sollte vor allem bei diesen Babys auf künstliche Sauger verzichtet werden. Lässt sich das Baby in den ersten Tagen nach der Geburt nur mit Mühe anlegen, erfasst es die Brust nicht gut oder sträubt es sich an der Brust, so kann die Mutter probieren, sich das Baby nackt oder bis auf seine Windel entkleidet auf die bloße Brust oder den Bauch zu legen. Der direkte Hautkontakt zwischen Mutter und Baby wirkt nicht nur unterstützend bei verschiedenen Stillschwierigkeiten und beruhigt weinende Babys, sondern stärkt auch die Mutter-Kind-Bindung. Um das Baby zum Saugen an der Brust zu animieren, kann die Mutter außerdem ein paar Tropfen Kolostrum auf einen Löffel ausdrücken und es dem Baby in den Mund tröpfeln. Das Baby wird den Geschmack mögen, und sein Interesse für die Brust wird dadurch geweckt. Besonders Babys, die Mühe damit haben, die Brust zu erfassen, sollten unbedingt gleich bei den ersten Stillzeichen (siehe Nützliche Tipps) angelegt werden und nicht erst, wenn sie weinen.

Zu wenig Milch: Viele Mütter sind sich nicht sicher, ob sie genug Milch haben. Eine gute Möglichkeit zur Beurteilung ist die Beobachtung des Babys. Erfasst es die Brust beim Stillen korrekt, saugt es ausdauernd, schluckt es hörbar, regelmäßig und mit kurzen Pausen und trinkt es so lange, bis es von selbst die Brust loslässt? Ist es nach dem Stillen entspannt und sieht man Milch an seinem Mund? Stillt es acht bis zwölf Mal in 24 Stunden und wird es bei den ersten Stillzeichen angelegt? Spürt die Mutter ein starkes Saugen, das nicht schmerzt, und fühlen sich die Brüste nach dem Stillen weicher an? Dies alles sind Anzeichen für eine ausreichende Milchmenge und ein zufriedenes, gut versorgtes Baby. Auch die Ausscheidungen geben wichtige Hinweise: Hat das Baby in den ersten vier bis sechs Wochen ca. vier bis fünf richtig volle nasse Wegwerfwindeln oder sechs bis acht nasse Stoffwindeln bzw. schwere Fertigwindeln mit farblosem Urin? Hat es zwei bis fünf Mal pro Tag sämig-flüssigen, hellgelben Stuhlgang und nach vier bis sechs Wochen mindestens einmal Stuhlgang innerhalb von 14 Tagen? Nimmt es gut zu? Wenn dies der Fall ist, kann man davon ausgehen, dass das Baby genug Milch erhält. Falls sich die Mutter nicht sicher ist, kann sie das Gewicht des Babys überprüfen. Stellt sich heraus, dass das Baby nicht ausreichend zugenommen hat, sollte die Situation möglichst gemeinsam mit einer Hebamme, Stillberaterin oder examinierten Stillfachfrau genau angeschaut werden. Da die Milchmenge normalerweise von Angebot und Nachfrage abhängig ist, kann durch häufigeres Stillen die Milchmenge in der Regel erhöht werden. Eine ausreichende Flüssigkeitszufuhr ist dabei sehr wichtig (zwei bis drei Liter Wasser pro Tag, je nach Durstgefühl). Manchmal hilft es auch, sich mit dem Baby zurückzuziehen und über ein oder zwei Tage im Zweistundenrhythmus zu stillen, am besten gemeinsam im Bett liegend. Der Hautkontakt mit dem Baby hilft auch, die Milchproduktion der Mutter anzuregen. Bevor wegen unzureichender Gewichtszunahme mit der Zufütterung künstlicher Säuglingsnahrung begonnen wird, ist es empfehlenswert, sich mit einer Fachperson, die eine spezielle Ausbildung zum Stillen absolviert hat, in Verbindung zu setzen. Die meisten Stillprobleme lassen sich relativ unkompliziert lösen.

Zu viel Milch: Eine zu hohe Milchproduktion wird häufig nicht als Problem angesehen, obwohl die betroffenen Mütter dadurch große Schwierigkeiten mit dem Stillen haben können. So kann es sein, dass das Baby unruhig an der Brust trinkt und die Brust immer wieder loslässt, dabei jedoch gut zunimmt. Bei der Mutter kann eine zu hohe Milchproduktion schnell und wiederholt Milchstaus und Brustentzündungen verursachen. Doch auch hier kann relativ unkompliziert Abhilfe geschaffen werden. Wenn sich eine zu hohe Milchproduktion eingestellt hat, so kann man die Milchbildung gut über den Stillrhythmus beeinflussen. Als erste Maßnahme kann die Mutter, nachdem sich das Stillen etabliert hat, pro Mahlzeit nur noch eine Brust geben. Bleibt das Problem bestehen, so kann sie den Tag gedanklich in acht Abschnitte je drei Stunden teilen. Für jeden Abschnitt wird – wechselnd – eine Brust festgelegt und wann immer sich das Baby meldet, wird es nur an dieser Brust angelegt. Die andere Brust wird höchstens etwas ausgestrichen. Beide Brüste können nach dem Stillen gekühlt werden, denn das hemmt die Milchbildung und beugt so dem Milchstau vor. Die Milchmenge kann auch durch das Trinken von Salbeitee vermindert werden. Man sollte dabei sehr auf die Qualität des Salbeis achten. Am besten brüht man den Tee mit Salbeipuder aus der Gewürzabteilung. Dazu benötigt man eine gehäuften Teelöffel Salbei auf ¼ Liter Wasser. Man trinkt davon schluckweise eine Tasse über den Tag verteilt, das Ganze drei Tage lang. Dann sollte man eine Pause machen, denn Salbei kann die Milchproduktion sehr stark hemmen.

Auslaufen der Brust: Ein weit verbreitetes Problem bei stillenden Müttern ist, dass die Milch manchmal spontan ausläuft. Besonders bei berufstätigen Frauen kann dies sehr störend sein. Hier hilft ein ganz einfacher Trick, um den Milchfluss zu stoppen. Drücken Sie relativ kräftig einige Sekunden mit der flachen Hand oder mit verschränkten Armen auf die Brustwarzen. Sollte die nicht stillende Brust beim Stillen auslaufen, kann die Mutter die Brustwarze mit den Fingern für einige Sekunden ‚nach oben klappen', um den Milchfluss zu stoppen.

Brustentzündung (Mastitis): Die Anzeichen einer Brustentzündung ähneln denen eines Milchstaus (siehe Glossar), der Übergang vom Milchstau zu einer Entzündung ist fließend. Anzeichen einer Mastitis können Grippegefühl, hohes Fieber und manchmal auch Schüttelfrost sein. Bei einer Mastitis ist unter allen Umständen Bettruhe (zusammen mit dem Baby) angesagt, denn es handelt sich um eine ernste Krankheit. Es sollte Hilfe für den Haushalt organisiert und die Versorgung der Mutter sichergestellt werden. Die Beratung durch eine qualifizierte Stillfachfrau oder stillerfahrene Hebamme ist zu empfehlen. Im frühen Stadium wird die Brustentzündung wie ein Milchstau behandelt. Die wichtigste Maßnahme ist auch hier die regelmäßige Entleerung der Brust, idealerweise durch das Baby. Ist dies nicht möglich, muss die Milch ausgedrückt oder abgepumpt werden. Das Abstillen mit Hochbinden der Brust während einer akuten Brustentzündung ist unbedingt zu vermeiden, denn damit erhöht sich das Risiko für einen Brustabszess. Wenn nach 24 Stunden Fieber noch immer keine Besserung der Symptome eingetreten ist, sollte eine Ärztin oder ein Arzt zu Rate gezogen werden. Schmerzmittel können bei einer Brustentzündung vorübergehend hilfreich sein, denn Schmerzen können den Milchspendereflex beeinträchtigen und somit zusätzlich die Entleerung der Brust erschweren. Bei einer Mastitis hilft Wärmeanwendung häufig besser als Kälte. Wärme ist vielen Frauen auch angenehmer. Sie verbessert die Durchblutung der entzündeten Areale der Brust, wodurch die körpereigenen Entzündungszellen besser ihre Arbeit tun können. Außerdem fördert Wärme den Transport eines möglicherweise verordneten Antibiotikums zum entzündeten Areal.

Soor: Soor ist eine Pilzerkrankung und kann die Ursache für schmerzende oder lang anhaltend wunde Brustwarzen sein. Diese erscheinen zumeist pergamentartig glänzend, manchmal rissig und schuppig und häufig richtig pinkfarben. Auch Juckreiz, ein weißlicher Belag sowie stechende, schneidende Schmerzen in der Brust während und nach dem Stillen sind Anzeichen für Soor. Ein Soor an der Brust geht fast immer mit einem Soor beim Kind einher. Man sieht beim Baby häufig einen nicht abwischbaren, weißlichen Belag auf der Zunge oder in den Wangentaschen. Auch ein rötlicher Ausschlag im Windelbereich kann auf eine Soorinfektion hindeuten. Eine Soorerkrankung des Kindes kann auch mit natürlichen Mitteln ausheilen (z. B. Bepinseln mit schwarzem Tee oder synthetischem Gerbstoff, evtl. Zinkleimpaste). Die erkrankte Mutter muss mit einem Antipilzmittel behandelt werden. Das Medikament wird nach der Stillmahlzeit auf die befallene Brustwarze aufgetragen. Auch der Mund des Babys kann damit behandelt werden, wenn nicht ein natürliches Mundwasser (z. B. Ratanhia) verwendet wird. Die Behandlung dauert ungefähr zehn bis vierzehn Tage und sollte nicht früher unterbrochen werden, auch wenn die Symptome verschwunden sind. Das Weiterstillen ist auf jeden Fall möglich. Es kann jedoch sein, dass es wegen der Schmerzen angenehmer ist, das Baby häufiger und kürzer anzulegen. Während einer Pilzerkrankung sollte man die Muttermilch nicht auf den Brustwarzen antrocknen lassen, da diese dort einen Nährboden für die Pilze bietet.

Medikamenteneinnahme: In der Stillzeit sollte nach Möglichkeit auf die Einnahme von Medikamenten verzichtet werden, doch hin und wieder ist dies wegen einer Erkrankung der Mutter unumgänglich. Inzwischen gibt es umfangreiche Erfahrungswerte bei häufig eingesetzten Arzneimitteln, die schon länger am Markt sind. Diese belegen eine Stillverträglichkeit vieler Substanzen. Entweder gelangen die Wirkstoffe dieser stillverträglichen Medikamente nur in sehr niedrigen Konzentrationen in die Muttermilch, oder sie werden vom Kind nicht aufgenommen. Fallweise sind sie auch zur Therapie bei Kindern freigegeben. Ob ein Arzneimittel während der Stillzeit eingenommen werden kann, erfährt man nicht zwangsläufig aus dem Beipackzettel, denn die meisten Arzneihersteller haben ihre Wirkstoffe nicht an stillenden Frauen getestet und schreiben daher von vornherein, dass das Mittel für stillende Frauen nicht geeignet ist. Man sollte daher eine Ärztin oder einen Arzt konsultieren, die / der bei Fragen zur Medikamenteneinnahme spezielle Fachbücher zu Rate ziehen kann. Auch das Pharmakovigilanz- und Beratungszentrum für Embryonaltoxikologie in Berlin gibt Müttern und Ärzten kompetente Auskünfte (www.embryotox.de). Ist ein Mittel wirklich nicht für die Stillzeit geeignet, so findet sich meistens eine stillverträgliche Alternative. Manchmal kann eine Therapie auch auf einen späteren Zeitpunkt verschoben werden.

Windelfreies Baby: Nur wenige Mütter und Väter wissen, dass Babys bereits über die Fähigkeit verfügen, ihre Ausscheidungen (Urin, Stuhl) anzukündigen. Anzeichen, dass das Baby seine Blase entleeren möchte, sind unter anderem unruhiges Trinken an der Brust, Aufwachen aus dem Schlaf oder Unruhe im Tragetuch. Bevor ein Kind alleine sitzen kann, ist es möglich, es mit beiden Händen unter den Kniekehlen zu fassen und angehockt an den Bauch des Erwachsenen zu drücken, um es dann z.B. über eine kleine Schüssel zu halten, wo es seine Ausscheidungen abgeben kann. Ein sechs Monate altes Baby kann bereits rund 1/8 Liter Flüssigkeit in seiner Blase speichern. Selbst, wenn das Baby in der Nacht mehrmals stillt, muss es häufig erst Stunden später auf das ‚Töpfchen' und wird zwischenzeitlich nicht wirklich wach. Babys pinkeln nicht im Schlaf, sie wachen davor auf. Die ‚Trefferquote' direkt nach einem Schläfchen ist für Anfänger der windelfreien Methode somit sehr hoch. Durch eine windelfreie Babyzeit wird die Kommunikation zwischen Mutter / Vater und Baby gestärkt, denn nicht nur Hungerzeichen des Babys werden von den Eltern bemerkt und befriedigt, sondern auch jene Zeichen, die Ausscheidungen des Babys ankündigen.

Sicheres Schlafen: Bestimmte Regeln beim gemeinsamen Schlafen mit einem Säugling im Elternbett sollten beachtet werden:

- Das Baby sollte auf einer festen Matratze schlafen, nicht auf ausgelegenen Matratzen, Wasserbetten oder Sofas.
- Das Baby sollte in Rückenlage liegen.
- In der Nähe des Babys sollten keine Kuscheltiere oder Kopfkissen liegen.
- Die Mutter sollte ihrem Kind möglichst zugewandt liegen, ungefähr im Abstand einer Babyarmeslänge.
- Dem Baby darf es nicht zu warm werden. Die ideale Raumtemperatur im Schlafzimmer beträgt etwa 18°C.
- Das Baby sollte nicht zu dick angezogen sein.
- Es empfiehlt sich, für das Kind einen Babyschlafsack zu benutzen, damit es nicht unter die Bettdecke rutschen und sich überwärmen kann.
- Das Baby sollte nicht unbeaufsichtigt im Elternbett liegen und auch nicht mit seinen Geschwistern zusammen schlafen. Tagsüber sollte es beim Schlafen in seinem Bett oder Stubenwagen liegen.
- Das Bett sollte so gesichert sein, dass das Baby nicht herausfallen und sich nicht irgendwo einklemmen kann.
- Haustiere sollten nicht in einem Bett mit dem Baby schlafen.
- Das Baby sollte nicht mit einer Person im Bett schlafen, die raucht, auch wenn das die Mutter ist.
- Personen (das gilt auch für die Mutter), die Drogen einnehmen, Alkohol konsumieren oder aus einem anderen Grund eventuell nicht auf das Baby reagieren können, sollten nicht mit dem Baby in einem Bett schlafen.

Glossar für Eltern
Das Glossar erhebt keinen Anspruch auf Vollständigkeit

Abstillen: Jede Mutter-Kind–Beziehung ist einzigartig und ebenso individuell verläuft auch das Abstillen. Es beginnt, sobald das Baby irgendetwas anderes als die Milch seiner Mutter zu sich nimmt. Dies ist ein natürlicher Schritt in der Entwicklung des Babys. Es ist wichtig, dass dabei die Bedürfnisse der Mutter und des Kindes respektiert werden und nicht die Erwartungen anderer. Natürliches Abstillen erfolgt bei den meisten Kindern zwischen dem zweiten und vierten Lebensjahr. Vor dem Ende des ersten Lebensjahres ist es sehr unwahrscheinlich, dass sich ein Baby von selbst abstillt. Allmähliches Abstillen ist sowohl für die Mutter als auch das Baby einfacher.

Beikosteinführung: Ungefähr zum Ende des sechsten Monats ist das Verdauungssystem der meisten Säuglinge so weit gereift, dass sie feste Nahrung verwerten können. Ein Baby, das zur Aufnahme von Beikost bereit ist, schaut neugierig nach dem Essen der Familienmitglieder, ist in der Lage, Nahrung selbstständig zu ergreifen und in den Mund zu nehmen, kann kauen und mit Unterstützung sitzen. Zu Beginn ist es sinnvoll, dem Baby zuerst die Brust und dann ein bis zwei Löffelchen feste Kost anzubieten. Mehr wollen die meisten Babys am Anfang noch nicht essen, denn Beikost dient nicht dem Ersatz, sondern der Ergänzung einer Stillmahlzeit. Die feste Nahrung sollte langsam mit einem neuen Nahrungsmittel pro Woche eingeführt werden.

Fremdeln: Im Alter von ungefähr acht Monaten beginnen Kinder, sich fremden Personen gegenüber ängstlich und abweisend zu verhalten, wenn diese ihnen nahe kommen oder versuchen, sie hoch zu nehmen. Fremdeln ist ein normales Verhalten und kennzeichnet einen bestimmten Entwicklungsschritt. Es tritt bei allen Kindern auf, unterscheidet sich jedoch in Dauer und Ausprägung. Es hat nichts mit Abneigung gegenüber einer bestimmten Person zu tun. Ein Kind sollte in dieser Situation nicht zur Kontaktaufnahme gezwungen werden.

Hebamme: Die Hebamme betreut und berät eine Frau während der Schwangerschaft, der Geburt, im Wochenbett und der Stillzeit. Dazu gehört auch die Begleitung in Fragen der Familienplanung, Schwangerschaftsvorsorge, Geburtsvorbereitung, Rückbildungsgymnastik und Beratung zur sachgemäßen Pflege und Ernährung des Neugeborenen. Hebammen arbeiten in freier Praxis, in Geburtshäusern, als Beleghebammen oder angestellt in einer Klinik. Es besteht laut Hebammengesetz bei der Geburt die Hinzuziehungspflicht einer Hebamme. Das heißt, ein Arzt darf nur im Notfall eine Geburt ohne Hebamme durchführen. Eine Hebamme darf dagegen eine normale Geburt völlig selbstständig ohne Arzt begleiten.

Kühlen der Brust: Das Kühlen der Brust nach dem Stillen kann bei einem Milchstau oder bei zu viel Milch lindernd wirken. Es gibt sehr viele verschiedene Möglichkeiten eine Brust zu kühlen, je nach dem, was man gerade im Haus hat. Besonders angenehm empfinden viele Frauen kalte Weißkohlblätter. Nachdem man die Strünke entfernt und die Blätter gewalzt hat, bieten sie, auf die Brust gelegt, angenehme Kühlung. Auch Quarkwickel oder eine mit kaltem Wasser getränkte Fertigwindel kann gute Dienste leisten. Legen Sie aber bitte niemals Eis oder Coolpacks direkt auf die Brust, sondern, wenn dann immer in ein Tuch eingeschlagen.

Laktationsberaterin IBCLC: Eine Laktationsberaterin hat sich über ihren meist medizinischen Grundberuf hinaus in einer umfangreichen Zusatzausbildung Fachwissen zum Stillen angeeignet und ein Examen absolviert. Dies berechtigt sie dazu, den Titel IBCLC (International Board Certified Lactation Consultant) zu tragen. Sie steht Müttern auch bei komplizierten Stillfragen und -problemen kompetent zur Seite. Die Laktationsberaterin arbeitet angestellt in einer Klinik oder in freier Praxis. Bei Stillproblemen kann die Mutter unter den ab Seite 49 genannten Kontaktadressen eine Liste mit Laktationsberaterinnen in ihrer Nähe erhalten.

Milchstau: Wird ein Teil der Brust beim Stillen nicht oder unzureichend entleert, kann ein Milchstau entstehen. Die Brust ist an dieser Stelle verhärtet, empfindlich, heiß und häufig auch gerötet. Ein starker Stau kann auch mit Fieber einhergehen. Bei reichlicher Milchbildung oder wenn das Baby längere Zeit nicht gestillt hat, sind Milchstaus häufiger. Auch Stress, einengende Kleidung (ungünstig gebundenes Tragetuch, BH), Narben, ein Stoß oder Druck auf die Brust können eine Leerung der Milchgänge verhindern.

Müdigkeit der Mutter: Die ersten Tage und Wochen mit einem Baby empfinden die meisten Eltern als sehr anstrengend und ermüdend. Es hat sich bewährt, in dieser Zeit keine hohen Ansprüche an die Haushaltsführung zu stellen und jede verfügbare Hilfe anzunehmen. Die Zeiten, in denen das Baby tagsüber schläft, kann die Mutter auch selbst zum Ausruhen oder Schlafen nutzen, wenn sich das mit den größeren Geschwistern einrichten lässt. Nachts ist es empfehlenswert, das Baby mit zu sich ins Bett nehmen (siehe Nützliche Tipps: Sicheres Schlafen) oder ganz dicht beim Elternbett schlafen zu lassen. Das erspart das Aufstehen beim Stillen und die Mutter kann danach sofort weiterschlafen. Auch Aktivitäten wie das Wechseln der Windeln, Licht anschalten und umherlaufen, um das Baby wieder in sein eigenes Bett zu legen, sind nachts nicht unbedingt nötig.

Quarkwickel: Quark kann helfen, die Beschwerden eines Milchstaus oder einer Mastitis zu lindern. Am besten gibt man ihn erst auf ein Geschirrtuch oder eine Windel und lässt die Flüssigkeit etwas abtropfen. Dann kann er in ein Tuch geschlagen und auf die gestaute, schmerzhafte Stelle der Brust gelegt werden.

Rückbildungsgymnastik: Während der Schwangerschaft werden die Muskeln der Beckenbodens und des Bauches auf ein Vielfaches ihrer ursprünglichen Länge gedehnt. Durch die Einwirkung verschiedener Hormone wird der Beckenboden zusätzlich aufgelockert. Im Frühwochenbett kommt es zu einer natürlichen Rückbildung und der Körper ist in dieser Zeit besonders aufnahmefähig für unterstützende Übungen. Auch nach einem Kaiserschnitt ist es sehr wichtig, die Muskulatur des

Beckenbodens zu trainieren, um späterer Inkontinenz vorzubeugen. Nach der Geburt sollte zuerst die Beckenbodenmuskulatur durch behutsames Training gekräftigt werden. Erst viel später dürfen Übungen für den Bauch hinzugenommen werden, denn ein zu früh begonnenes Bauchmuskeltraining kann den Beckenboden sogar schädigen. Viele Hebammen, Geburtshäuser und Krankengymnastinnen bieten Rückbildungsgymnastik unter fachkundiger Anleitung an.

Schmerzlinderung durch Stillen: Das Stillen kann bei Säuglingen eine Schmerzblockade bewirken. So spüren sie einen Einstich oder eine Blutentnahme, während sie gestillt werden, kaum oder überhaupt nicht. Dies konnte auch in wissenschaftlichen Studien bewiesen werden.

Stethoskop: Das Stethoskop dient der Beurteilung von Schallphänomenen des Körpers. Vor allem Töne und Geräusche, die im Zusammenhang mit der Tätigkeit des Herzens, der Lungen und des Darmes entstehen, werden damit beurteilt.

Tandemstillen (Stillen von mehreren Kindern gleichzeitig): Wird eine Mutter während der Stillzeit wieder schwanger, kann sie in aller Regel ruhig weiter stillen. Da sich der Geschmack der Milch in der Schwangerschaft verändert, stillen sich manche Kinder allerdings von selbst ab. Andere genießen weiter die mütterliche Nähe beim Trinken. Ist es für die Mutter akzeptabel, so kann sie nach der Geburt beide Kinder stillen. Sie muss nur darauf achten, dass das Neugeborene immer zuerst an die Brust darf, damit seine ausreichende Gewichtszunahme gewährleistet ist. Auch das Stillen von Zwillingen ist eigentlich ein Tandemstillen. Geschwister, die gleichzeitig an der Brust trinken durften, entwickeln zumeist eine sehr innige Beziehung zueinander.

Tragen: Das Tragen ist eine Möglichkeit für Mutter und Kind, den intensiven Kontakt aus der Schwangerschaft nach der Geburt fortzusetzen. Auch für die Väter ist das Tragen eine gute Gelegenheit, in engen Kontakt zum Baby zu kommen. Schon Neugeborene genießen es, die Nähe und Wärme von Mutter oder Vater zu spüren. Wissenschaftler haben zudem herausgefunden, dass Babys, die regelmäßig getragen werden, deutlich seltener weinen. Auch auf die Hüftentwicklung kann sich das Tragen positiv auswirken, wenn auf eine gute Tragetechnik geachtet wird.

Tragetuch/Tragesystem: Die Entscheidung für ein Tragetuch oder Tragesystem ist sicherlich von den persönlichen Vorlieben jedes Einzelnen abhängig. Auch das Alter des Babys spielt bei der Auswahl eine Rolle. So muss bei sehr jungen Säuglingen darauf geachtet werden, dass das Köpfchen des Kindes gut abgestützt wird. Es kommt weiterhin darauf an, dass das Kind eine Haltung einnehmen kann, die seinen anatomischen Gegebenheiten entspricht. Das Kind sollte deshalb, wenn die liegende Trageposition nicht mehr verwendet wird, immer in der Anhock-Spreizhaltung und dem Tragenden zugewandt getragen werden. Dann ist auch keine Stauchung der Wirbelsäule zu befürchten.

Vorsorgeuntersuchungen: Während des ersten Lebensjahres sind in Deutschland, Österreich und der Schweiz fünf bis sechs Vorsorgeuntersuchungen für Säuglinge vorgesehen. Dabei wird das Baby gewogen, die Körperlänge und der Kopfumfang werden bestimmt und innere Organe abgehört oder abgetastet. Auch die Geschlechtsteile und die Haut werden regelmäßig angeschaut und die Reflexe überprüft. Der Kinderarzt verfolgt dabei die normale psychische und motorische Entwicklung. Auch bei einem gesunden Säugling sollten die Eltern keinen der Vorsorgetermine verpassen, denn je früher eine Entwicklungsstörung oder Erkrankung erkannt wird, umso besser kann sie behandelt werden.

Zähne putzen und Kariesprophylaxe: Bei der Kariesentstehung spielen drei wichtige Faktoren eine Rolle: die Kariesbakterien der Mundflora, die Ernährung und die Mundhygiene. Deshalb ist es sinnvoll, Kinder ab dem Durchbruch des ersten Zahnes spielerisch an das Zähneputzen zu gewöhnen. Zur Übertragung der Kariesbakterien von den Eltern auf die Kinder trägt das Vorkauen von Speisen bei oder das Ablecken des Löffels, den das Kind benutzt. Die Ernährung hat einen großen Einfluss auf die Kariesentstehung. Zu vermeiden sind: häufige süße Snacks oder Zwischenmahlzeiten wie Kekse, aber auch gesüßter Joghurt und vor allem frei zugängliche süße Getränke (auch verdünnter Apfelsaft). Klebrige, süße Nahrungsmittel, wie Weißbrot mit Honig, Rosinen oder Trockenfrüchte, haften lange an den Zähnen, im Gegensatz zu frischem Obst und Gemüse oder einem Stück Brot oder Hartkäse. Stillen wirkt sich positiv auf die Zahnentwicklung aus und trägt, auch nachts und bei älteren Kindern, nicht zur Kariesentstehung bei.

Zusammen schlafen / Familienbett: In vielen Ländern unserer Erde, etwa im hoch entwickelten Japan, ist es selbstverständlich, dass Eltern und ihre Kinder gemeinsam schlafen. Als Schlafplatz kann das große Familienbett dienen, doch auch Matratzen oder Futons auf dem Boden können sehr gemütlich sein. Die Schlafmöglichkeiten sind so vielfältig, wie es die Familien und die Bedürfnisse der einzelnen Menschen sind. Das gemeinsame Schlafen von Mutter und Baby im Bett oder auf einer Matratze erleichtert das Stillen. Stillen vermindert das Risiko für den plötzlichen Kindstod. Auf eines sollte jedoch beim gemeinsamen Schlafen von Eltern und ihren Babys unbedingt geachtet werden: die Schlafumgebung muss sicher gestaltet sein.

Nützliche Adressen

Adressen Hausgeburt und Hebammen

Gesellschaft für Qualität in der außerklinischen Geburtshilfe e.V. (QUAG)
www.quag.de

Deutscher Fachverband für Hausgeburtshilfe (DFH)
www.dfh-hebammen.de

Bund freiberuflicher Hebammen Deutschlands e.V. (BFHD)
www.bfhd.de

Deutscher Hebammenverband e.V. (DHV)
www.hebammenverband.de

Österreichisches Hebammen-Gremium (ÖHG)
www.hebammen.at

Schweizerischer Hebammenverband
www.sage-femme.ch

Hebammen für Deutschland e.V.
www.hebammenfuerdeutschland.de

Geburtsallianz Österreich
www.geburtsallianz.at

Englischsprachige Internetseite zur Hausgeburt
www.homebirth.org.uk

Infos zur Hausgeburt
www.hausgeburt.tv

Schmerzfrei gebären (englischsprachig)
www.hypnobirthing.com

Stillen und Tragen

La Leche Liga Deutschland e.V.
www.lalecheliga.de

La Leche Liga Österreich
www.lalecheliga.at

La Leche League Schweiz
www.stillberatung.ch

Arbeitsgemeinschaft Freier Stillgruppen (AFS)
www.afs-stillen.de

Ausbildungszentrum für Laktation und Stillen
www.stillen.de

ELACTA - Europäische Laktationsberaterinnen Allianz
www.stillen.org

Berufsverband Deutscher Laktationsberaterinnen IBCLC e.V.
www.bdl-stillen.de

Verband der Still- und Laktationsberaterinnen Österreichs IBCLC (VSLÖ)
www.stillen.at

Berufsverband Schweizerischer Stillberaterinnen IBCLC
www.stillen.ch

Schweizerische Stiftung zur Förderung des Stillens
www.allaiter.ch

Geburt und Stillen im Krankenhaus
www.stillenimkrankenhaus.de

Infos Stillen und Tragen
www.stillen-und-tragen.de

Eltern werden, Eltern sein

Verlag für Kindersachbücher und Gesundheitswissen
www.editionriedenburg.at

Deutsche Liga für das Kind in Familie und Gesellschaft e.V.
www.liga-kind.de

Wirbelwind – Die andere Elternzeitschrift
www.elternzeitschrift.org

Elternnetzwerk „Rabeneltern"
www.rabeneltern.org

Geburtskanal
www.geburtskanal.de

Folgeschwangerschaft nach Verlust
www.folgeschwangerschaft.de

Sternenkindmütter
www.sternenkindmuetter.de

Beratungsstellen

Gesellschaft für Geburtsvorbereitung (GfG)
www.gfg-bv.de

pro familia www.profamilia.de Donum Vitae e.V.
www.donumvitae.org

Lichtzeichen e.V. – Hilfe für schwangere Frauen
www.lichtzeichen.org

Probleme nach der Geburt

Nach Kaiserschnitt
www.kaiserschnitt-netzwerk.de
www.geburt-nach-kaiserschnitt.de
www.kaiserschnittbuch.de

Selbsthilfe für Schreibabys
www.trostreich.de

Schatten & Licht – Krise nach der Geburt e.V.
www.schatten-und-licht.de

Verein Postnatale Depression Schweiz
www.postnatale-depression.ch

Infos und Stillen bei Lippen-Kiefer-Gaumenspalte
www.stillenbeilkg.de, www.stillenbeispalte.org

Die Sachbuchreihe

Für alle Kinder, die einfach noch mehr wissen wollen.

editionriedenburg.at

[1] **Mamas Bauch wird kugelrund** – Aufklärung, Sex, Zeugung und Schwangerschaft

[2] **Ein Baby in unserer Mitte** – Geburt, Stillen, Babypflege und Familienbett

[3] **Unsere kleine Schwester Nina** – Stillen, Zahnen, Beikost und Babys erstes Jahr

[4] **Besonders wenn sie lacht** – Lippen-Kiefer-Gaumenspalte: Ernährung, Operation, Heilung

[5] **Das doppelte Mäxchen** – Zwillinge: Geburt, Stillen und Babys im Doppelpack

[6] **Das große Storchen-malbuch mit Hebamme Maja** – Aufklärung, Geburt, Babyzeit

[7] **Tragekinder** – Ursprung und Methoden des bequemen Baby- und Kindertragens

[8] **Mama und der Kaiser-schnitt** – Kaiserschnitt, nächste Schwangerschaft und Geburt

[9] **Mini ist zu früh geboren** – Frühgeburt [in Vorbereitung befindlich]

[10] **Klara weint so viel** – Schreibaby [in Vorbereitung befindlich]

[11] **Lilly ist ein Sternenkind** – Verwaiste Geschwister und Trauer nach Verlust eines Kindes

[12] **Oma braucht uns** – Pflege alter Familienmitglieder [in Vorbereitung befindlich]

[13] **Oma war die Beste!** – Abschied nehmen, Sterben und Trösten

[14] **Unser Baby kommt zu Hause!** – Hausgeburt und Begleitung durch die Hebamme

[15] **Baby Lulu kann es schon!** – Natürliche Säuglingspflege und windelfreies Baby

[16] **Finja kriegt das Fläschchen** – Fläschchen geben und (teilweises) Stillen

Im (Internet-)Buchhandel in Deutschland, Österreich und der Schweiz